50 Recetas para Postres Proteicos para el Entrenamiento con Pesas:

Acelere el Crecimiento de Masa Muscular sin Pastillas o Suplementos de Creatina

Por

Joseph Correa

Nutricionista Deportivo Certificado

COPYRIGHT

© 2016 Finibi Inc

All rights reserved

La reproducción o traducción de cualquier parte de este trabajo, más allá de lo autorizado mediante la sección 107 o 108 de la Ley de Propiedad Intelectual de los Estados Unidos, sin el permiso del propietario de los derechos de autor, es ilegal.

Esta publicación está destinada a proporcionar información precisa y fiable en referencia a la temática cubierta. Ésta es comercializada bajo el entendimiento de que, ni el autor ni la editorial, pretenden brindar asesoría médica.

Si requiere asesoría o asistencia médica, consulte un doctor. Este libro es considerado una guía y no debe ser utilizado en ninguna manera que perjudique su salud. Consulte a un médico antes de iniciar este plan nutricional para asegurarse de que es el adecuado para usted.

AGRADECIMIENTOS

La realización y éxito de este libro no hubiese sido posible sin mi familia.

50 Recetas para Postres Proteicos para el Entrenamiento con Pesas:

Acelere el Crecimiento de Masa Muscular sin Pastillas o Suplementos de Creatina

Por

Joseph Correa

Nutricionista Deportivo Certificado

CONTENIDOS

Copyright

Agradecimientos

Acerca del Autor

Introducción

50 Recetas para Postres Proteicos para el Entrenamiento con Pesas

Otros Grandes Títulos del Autor

ACERCA DEL AUTOR

Como nutricionista deportivo certificado y atleta profesional, creo firmemente que una nutrición apropiada le ayudará a lograr sus metas más rápida y efectivamente. Mi conocimiento y experiencia me han ayudado a vivir más sanamente a través de los años, lo que he compartido con mis familiares y amigos. Mientras más conoces acerca de comer y beber sanamente, más pronto vas a querer cambiar tus hábitos de vida y alimentación.

Tener éxito en el control de su peso es importante pues esto mejorará todos los aspectos de su vida.

La nutrición es clave en el proceso de ponerse en mejor forma y de esto se trata este libro.

INTRODUCCIÓN

50 Recetas para Postres Proteicos para el Entrenamiento con Pesas

Este libro le ayudará a incrementar la cantidad de proteínas que usted consume al día, para facilitar el aumento de masa muscular. Estas recetas le ayudarán a aumentar músculo en una manera organizada, agregando grandes porciones saludables de proteína a su dieta. El estar demasiado ocupado para alimentarse apropiadamente puede, a menudo, convertirse en un problema y es por esto que este libro le ahorrará tiempo y le ayudará a nutrir su cuerpo para lograr las metas deseadas. Asegúrese de conocer qué está comiendo preparándolo usted mismo o pidiendo a alguien que lo prepare para usted.

Este libro le ayudará a:

- Ganar músculo rápida y naturalmente.

- Mejorar la recuperación muscular.

-Comer delicioso.

- Tener más energía.

- Acelerar naturalmente su metabolismo para construir más músculo.

- Mejorar su sistema digestivo.

Joseph Correa es un nutricionista deportivo certificado y un atleta profesional.

50 RECETAS PARA POSTRES PROTEICOS PARA EL ENTRENAMIENTO CON PESAS

1. Tarta vegetariana de quínoa alta en proteínas

Ingredientes:

Quínoa - 135 g en estado seco

Calabacín - 200 g finamente cortado (cubos de 3-4 mm)

Zanahorias - 100 g finamente picado (cubos de 3-4 mm)

Clara de huevo líquida - 200 g (aproximadamente 6 huevos)

Harina de trigo integral - 40 g

Chalotes (o cebolla normal) - 30 g

Ajo - 10 g

Queso campesino suave - 125 g (puede usar mozzarella o Cheddar, pero bajo en grasas)

Sal, pimienta, especias al gusto

Aceite de oliva - 2-3 g (para cubrir la sartén)

Método de preparación:

1. Hierva la quínoa.

2. Introduzca la cacerola en el horno y caliéntela hasta 180 C. La cacerola debe estar caliente para que la tarta horneada sea de color marrón dorado en cada lado.

3. Corte las zanahorias y el calabacín en pequeños cubos; pique la cebolla y el ajo.

4. Ralle el queso.

5. Trabaje la clara de huevo hasta obtener una espuma abundante y agregue 100 g del queso rallado. El resto del queso (25 g) será utilizado para espolvorear encima de la superficie de la tarta.

6. Agregue los vegetales picados, la quínoa, sal y pimienta y las especias secas a los huevos. Mezcle completamente.

7. Revuelva todo con la harina de trigo integral.

8. Saque la cacerola caliente del horno, acéitela y vierta la mezcla completa presionando en los bordes para eliminar los huecos. Espolvoree encima los 25 g de queso restantes.

9. Hornee a 180 C, durante 40 minutos exactamente, dependiendo del horno.

Valores nutricionales por 1/4 de la tarta:

Calorías 267

Proteínas 20.5 g

Grasas 4.25 g

Carbohidratos 34.25 g

2. Helado de yogur

Ingredientes:

Yogur natural bajo en grasas - 500 ml

Leche completa baja en grasas leche - 300 ml

Leche en polvo - 3 cucharadas

Azúcar - 4 cucharadas

Frambuesas (puede utilizar otras bayas, como lo desee)

Un poco de aceite de naranja

Método de preparación:

1. Mezcle el azúcar y la leche en polvo en una olla, vierta la leche completa, e hierva a fuego bajo.

2. Mezcle con el yogur, vierta el aceite de naranja. El aceite es utilizado como un aditivo de sabor, por esto usted puede prescindir de este ingrediente si no lo encuentra.

3. Mezcle todo y lleve al congelador. No olvide revolver la receta hasta que esté completamente helado.

4. Triture las frambuesas u otras bayas y utilice esta mezcla para decorar el helado antes de servir.

Valor nutricional:

Las frambuesas contienen vitaminas tales como A, B1, B2, B5, B6, C, E, y minerales como potasio, calcio, fósforo, magnesio, etc. Las frambuesas preservan sus cualidades incluso después de ser tratadas con calor, por lo tanto, no pierden sus nutrientes.

El yogur contiene la mitad del valor de ingesta diario recomendado de calcio, aproximadamente 10-14 g de proteínas, reduce los niveles del colesterol "malo" y fortalece el sistema inmunológico. Un yogur bajo en grasas contiene menos de 1 g de Grasas por cada 100 g.

3. Panquecas de vainilla proteicas

Ingredientes:

Avena - 1/4 taza

Clara de huevo líquida - 1/2 taza

Vainilla Proteínas - 1/8 taza

Coco en chips - 1/4 taza

Leche de almendras - 1/4 taza

Bicarbonato de sodio - 1/2 cucharadita

Método de preparación:

1. Mezcle todos los ingredientes.

2. Engrase la sartén con aceite.

3. Caliente a fuego medio. Vierta la mezcla en la sartén para panquecas. Reduzca el fuego para que las panquecas no se quemen.

4. Voltee las panquecas cuando haya burbujas en la superficie.

Y boom - Está listo!

Valor nutricional (por una porción):

Calorías 564

Grasas 21 g

Carbohidratos 39 g

Proteínas 57 g

4. Pudín de queso cottage, o Torta de queso

Ingredientes:

Requesón (4%-5% Grasas, o desnatado) - 700 g

Leche desnatada - 100 ml

Sémola - 50 g

Huevos - 3 unidades

Polvo de hornear - 1 sobre (medida para 500 g de harina)

Endulzante líquido para repostería - 5 ml

Mantequilla para cubrir la bandeja - 3-5 g

Vainilla líquida, saborizante

Método de preparación:

1. Vierta la leche en la sémola y deje reposar durante 7-10 minutos.

2. Triture el requesón con la batidora y suavícelo. Puede utilizar una licuadora o utilice requesón sin azúcar.

3. Bata las claras y las yemas de huevo hasta obtener una abundante espuma ligera.

4. Agregue los 5 ml de endulzante y el sobre de polvo de hornear al requesón, vierta la sémola hidratada con leche, la vainilla líquida and las yemas batidas. Mezcle muy bien. Agregue los huevos batidos y revuelva cuidadosamente.

5. Engrase el fondo de la bandeja para hornear con mantequilla y espolvoree con harina. (Puede utilizar moldes o una bandeja para hornear grande).

6. Distribuya la mezcla por toda la bandeja para hornear (o en moldes pequeños).

7. Introduzca en el horno precalentado (160-170 C) en el compartimento inferior si utiliza una bandeja para hornear. Hornee durante una hora. Después de 20 minutos cubra con papel de aluminio para evitar que la parte superior de la torta se queme. En caso de que utilice moldes para ponqués, caliente el horno hasta 150 C y hornee en el compartimento inferior durante media hora.

Valor nutricional (por torta):
Calorías 990
Proteínas 100 g
Carbohidratos 98 g
Grasas 40 g

5. Pudín de requesón de zanahoria con queso Filadelfia

Ingredientes:

Requesón (4%-5% Grasas) - 600 g

Queso Filadelfia ligero - 100 g

Zanahoria hervida - 200 g

Huevos - 3 unidades

Polvo de hornear - 1 sobre (medida para 500 g de harina)

Endulzante líquido para repostería - 5 ml

Mantequilla para cubrir la bandeja - 5 g

Método de preparación:

1. Triture el requesón utilizando una licuadora o batidora.

2. Agregue el queso Filadelfia, el Polvo de hornear y el endulzante al requesón.

3. Ralle las zanahorias con un rallador grande o mediano.

4. Bata las yemas y las claras de huevo hasta obtener espuma.

5. Mezcle el requesón y las zanahorias y agregue los huevos batidos; mezcle muy bien.

6. Engrase la bandeja con mantequilla y vierta la mezcla. Puede utilizar cualquier bandeja, pero es mejor utilizar una bandeja de silicón profunda cuadrada, llenándola hasta 2/3.

7. Introduzca la bandeja en el compartimento inferior del horno previamente precalentado a 160-170 C. Después de 10 minutos cubra con papel de aluminio para evitar que la parte superior del pudín se queme. Luego de 30 minutos coloque la bandeja en el compartimento del medio y luego de 50 minutos más retire el papel de aluminio y deje hornear el pudín durante otros 25 minutos. El horneado total no debería tomar más de 75 minutos. Al final, retire el pudín del horno y deje enfriar.

8. La mejor manera de enfriar el pudín es refrigerándolo durante la noche, será más fácil de cortar una vez frío. Después de que se enfríe, voltee el pudín y corte las porciones. Debería lucir atractivo y apetitoso.

Valor nutricional (por pudín):
Calorías 981
Proteínas 91 g
Carbohidratos 38 g
Grasas 49

6. Pudín de requesón con cereza

Ingredientes:

Requesón (4%-5% Grasas) - 700 g

Leche (0% baja en Grasas) - 100 ml

Sémola - 50 g

Huevos - 3 unidades

Polvo de hornear - 1 sobre (medida para 500 g de harina)

Endulzante líquido para repostería - 5 ml

Cereza en su jugo (frescas o congeladas) - 175 g

Mantequilla para cubrir la bandeja - 3 - 5 g

Método de preparación:

1. Vierta la leche en la sémola y deje reposar durante 7-10 minutos.

2. Triture el requesón utilizando una batidora y suavícelo. Puede utilizar una licuadora o utilice requesón sin azúcar.

3. Bata las claras y las yemas de huevo hasta obtener una abundante espuma ligera.

4. Bata las claras de huevo a punto de nieve.

5. Agregue los 10 ml de endulzante, 1 sobre de Polvo de hornear, vierta la sémola hidratada con leche y las yemas

batidas al requesón. Mezcle bien. Agregue los huevos batidos y revuelva cuidadosamente.

6. Engrase la bandeja con mantequilla y espolvoree con la sémola. Vierta la mitad de la mezcla, cubra con las cerezas, luego vierta el resto de la mezcla y cubra con otra capa de cerezas.

7. Introduzca la bandeja en el horno precalentado (160-170 C) en el compartimento inferior. Después de 10 minutos cubra la bandeja con papel aluminio. Luego de otros 30 minutos retire el papel de aluminio y coloque la bandeja en el compartimento del medio; deje durante 20-25 minutos.

8. Cuando esté listo, deje enfriar el pudín durante aproximadamente 20 minutos, cubra con envoltura para alimentos y refrigere.

Valor nutricional por 1/4 del pudín:

Calorías 270

Proteínas 25.8

Carbohidratos 17.3

Grasas 10.3

7. Panquecas de proteínas con hojuelas de avena

Ingredientes:

Requesón (50% Grasa) - 50 g

Suero de leche (kéfir) - 50 ml

Avena en hojuelas - 25 g

Claras de huevo - 1 unidad (35 g)

Mezcla seca de proteína - 10 g

Aceite de oliva - 2 g

Método de preparación:

1. Mezcle la avena en hojuelas con el suero de leche y la proteína, deje reposar durante aproximadamente 10 minutos para que la avena se tome consistencia de papilla.

2. Luego de esto, mezcle todos los ingredientes, vierta la mezcla en forma de pequeñas porciones en el preparador de crepes previamente calentado.

3. Cuando estén listas, cubra las panquecas con azúcar o mermelada.

La avena en hojuelas contiene ácidos grasos saturados y no saturados, fibra dietética, vitaminas PP, E y minerales potasio, magnesio, calcio, fósforo, azufre, hierro, yodo, cobre y muchos otros.

Valor nutricional por porción:

Calorías 242

Proteínas 23 g

Grasas 7 g

Carbohidratos 19 g

8. Panquecas de coco

Ingredientes:

Huevos - 1 unidad

Claras de huevo - 2 unidades

Harina de coco - 25 g

Yogur o crema agria con 10% de Grasa - 30 g

Aceite de coco (no purificado) - 5 g

Stevia - al gusto

Sal - 1 pizca

Levadura - 1 cucharadita

Método de preparación:

1. Bata los huevos y mézclelos con la stevia.

2. Agregue el yogur and revuelva muy bien.

3. Entibie el aceite de coco (puede utilizar el microondas), vierta en la mezcla de los huevos y revuelva muy bien.

4. Agregue la levadura, sal y la harina de coco.

5. Deje reposar durante algunos minutos para que la harina absorba el líquido.

6. Caliente la sartén, agregue un poco de aceite de oliva; el fuego debe estar bajo.

7. Cocine las panquecas como acostumbra, primero por un lado, luego volteándola al otro lado. Usted puede elegir el tamaño de las panquecas a su gusto.

Puede agregar algunos trozos de bananas o frambuesas a las panquecas cocidas, ya que son muy ricas en vitaminas como A, B, C.

El aceite de coco es rico en vitaminas A, E, B1, B2, B3, K y C, y minerales hierro, potasio, calcio, fósforo, etc.

Valor nutricional por porción:

Calorías 343

Proteínas 21 g

Grasas 15 g

Carbohidratos 4 g

Fibra dietética - 12 g

Azúcar - 3 g

9. Tarta de Zanahoria y Calabacín

Ingredientes:

Bandeja para hornear de 21-22 cm de diámetro y 4.5 cm de altura

Harina de trigo integral - 350 g

Zanahorias (ralladas) - 360 g

Calabacín (rallado) - 180 g

Huevos de pollo - 4 unidades

Aceite de oliva - 60 g

Polvo de hornear o bicarbonato de sodio - 1 cucharadita colmada

Canela molida - 1 cucharadita colmada

Stevia en cristales - 2 cucharadas (o cualquier endulzante de su preferencia)

Queso crema ligero para cubrir la bandeja - 100 g (p.ej., Philadelphia ligero)

Método de preparación:

1. Ralle finamente las zanahorias y el calabacín.

2. Mezcle la harina de trigo integral con el polvo de hornear y la canela; no requiere sal.

3. Mezcle los huevos con el aceite de oliva y la stevia; revuelva con los vegetales rallados.

4. Agregue la mezcla seca de harina, bicarbonato de sodio y canela. Mezcle todo muy bien.

5. Coloque papel para hornear (21 cm de diámetro) en la bandeja para hornear redonda. Mejor cubrir ligeramente con aceite.

6. Cuidadosamente vierta la mezcla en la bandeja, cubriendo todo el fondo.

7. Hornee la tarta a 180 grados C durante 45-50 minutos.

8. Enfríe la tarta y unte la superficie con queso crema Philadelphia ligero.

Las zanahorias son muy saludables gracias a las vitaminas A, B, B3, B6, C, E, K y minerales como potasio, magnesio, calcio, fósforo, sodio, cobre, boro, flúor, etc.

El calabacín es rico en potasio, fibra dietética, fósforo y calcio, así como en vitaminas A y C.

Valor nutricional por 1/4 de la tarta:

Calorías 540

Proteínas 17.5 g

Grasas 19.8 g

Carbohidratos 74.2 g

Fibra dietética - 12.7 g

Azúcar - 4.7 g

10. Pan de harina de coco con calabacín, bananas y jengibre

Ingredientes:

Harina de coco (o almendras) - 50 g

Leche 2.5% baja en grasas - 50 ml

Huevos de pollo - 3 unidades

Bananas - 85 g

Calabacín - 85 g

Aceite de oliva (o nueces) - 8 g

Jengibre en polvo - 1 cucharadita (o ralle el jengibre fresco)

Polvo de hornear (levadura o bicarbonato de sodio) - 1 cucharadita

A pizca de sal

Método de preparación:

1. Precaliente el horno a 190 C.

2. Ralle el calabacín con un rallador pequeño y triture la banana con un tenedor; mezcle todo muy bien.

3. Bata los huevos.

4. Revuelva la harina de coco con la sal, el polvo de hornear y el jengibre en polvo, o agregue el jengibre fresco, y el calabacín finamente picado.

5. Agregue la mezcla de harina a los huevos batidos, revuelva muy bien; combine la mezcla con el calabacín y las bananas y agregue 50 ml de leche. Revuelva bien y añada el aceite de nueces o de oliva.

6. Coloque papel para hornear en un molde para hornear pan cuadrado y presione hacia las paredes, coloque la masa en el molde.

7. Hornee a 190 C durante 40 minutos, hasta que la superficie y los lados del pan sean de color ligeramente marrón.

Es un pan fantástico!

En primer lugar, contiene un mínimo de carbohidratos, en segundo lugar, tiene muchas proteínas y fibra. Es como una torta, pero sin la mantequilla.

Valor nutricional por un pan (aproximadamente 480 g):

Calorías 62.7

Proteínas 32 g

Grasas 27 g

Carbohidratos 37 g

Fibra dietética - 4 g

11. Ponqués de harina de coco

Ingredientes:

Huevos - 2 unidades

Claras de huevo - 3 (aprox.105 g)

Harina de coco pura - 50 g

Aceite de coco Extra Virgen - 20 g (derretido en el microondas durante 30 sec.)

Stevia o stevia en polvo (puede ser en cristales o líquida) - 1 cucharada

Polvo de hornear (o bicarbonato de sodio) - 1 cucharadita colmada

Requesón 5% bajo en grasas - 100 g

Método de preparación:

1. Precaliente el horno a 190 C.

2. Mezcle el polvo para hornear, la stevia y la harina de coco.

3. Bata las 3 claras de huevo.

4. Bata los 2 huevos.

5. Agregue el requesón, la harina, stevia y el polvo de hornear a los 2 huevos batidos, revuelva cuidadosamente.

6. Derrita el aceite en el microondas.

7. Revuelva la mezcla, las claras de huevo batidas y el aceite de coco derretido. La masa debe estar quebradiza porque la harina de coco absorbe todos los líquidos gracias a la fibra.

8. Coloque la masa en moldes para hornear ponqués (Yo distribuyo partes iguales de 66 gramos en cada espacio). Presione levemente la masa en los moldes.

9. Hornee a temperatura media durante aproximadamente 25 minutos.

La harina de coco es rica en vitaminas como la A, C, E, D y B, y minerales como sales de potasio, sales de magnesio, yodo, cobalto and níquel. Contiene cantidades de fibras y proteínas. El consumo de harina de coco mejora el metabolismo, estimula la digestión, tiene efectos positivos en la piel y reduce el riesgo de trombosis.

La porción contiene 6 ponqués.

Valor nutricional por porción:

Calorías 556

Proteínas 45 g

Grasas 37 g

Carbohidratos 5 g

Fibra dietética - 30 g

12. Panquecas proteicas de harina de trigo entero

Ingredientes:

Leche libre de grasas - 720 ml

Huevos - 3 unidades

Mantequilla - 50 g

Harina de trigo entero (finamente molida) - 210 g

Harina blanca - 50 g

Proteína Optimum Nutrition (SAN, UNIVERSAL, TWINLAB - la de su preferencia) - 70 g

Sal a su gusto

Stevia en polvo - 1 cucharadita

Agua fresca en ebullición - 120 ml

Método de preparación:

1. Primero derrita la mantequilla en el microondas y entibie la leche; bata los huevos.

2. Mezcle la harina integral y la harina blanca.

3. Mezcle la proteína y la stevia. Esa es la manera como deberían ser las bio-proteínas.

4. Mezcle los huevos batidos con la leche y la harina, agregue sal al gusto; añada la proteína con la stevia a la masa y revuelva todo cuidadosamente. Vierta la

mantequilla derretida y deje reposar la mezcla durante 20-30 minutos a temperatura ambiente. Antes de empezar a hornear vierta los 120 ml de agua en ebullición a la masa.

5. Cocine la panqueca en una sartén sin engrasar. Vierta un cucharón de la mezcla y esparza rápidamente en la sartén.

Este es un plato perfecto para el desayuno. Puede rellenar las panquecas con requesón y untar un poco de mermelada por encima. O, si es para cenar, puede agregar un poco de relleno de carne y crema agria.

Valor nutricional por porción (2 panquecas):

Calorías 246

Proteínas 17 g

Grasas 7 g

Carbohidratos 28 g

13. Panquecas de PROTEÍNA POW

Ingredientes:

Avena - 1/4 de taza

Clara de huevo líquidas - 1/2 taza

Proteína de vainilla - 1/8 taza

Coco en chips - 1/4 taza

Leche de almendras - 1/4 taza

Bicarbonato de sodio - 1/2 cucharadita

Método de preparación:

1. Revuelva todos los ingredientes.

2. Rocíe la sartén con aceite y lleve a fuego bajo.

3. Cuando la sartén esté muy caliente, vierta la mezcla en pequeñas porciones, y baje el fuego para evitar que las panquecas se quemen.

4. Voltee las panquecas con una espátula cuando se tornen de color ligeramente marrón.

Si lo desea, puede poner un poco de miel por encima cuando las panquecas estén listas. La miel es rica en vitamina B (B1, B2, B6 y B9), así como C, E, H, A, D; contiene minerales como potasio, fósforo, magnesio, sodio, yodo, etc. La miel posee efecto antibacterial, antimicótico y antiviral, mejora la digestión, la condición de huesos y dientes.

La leche de almendras contiene potasio, calcio, magnesio, zinc, hierro, selenio, fibra dietética; vitaminas B2, B3, A, B-caroteno,

Valor nutricional por porción (algunas panquecas):

Calorías 564

Proteínas 57 g

Grasas 21 g

Carbohidratos 39 g

14. Panquecas de arándanos con canela

Ingredientes:

Claras de huevo - 6 unidades

Avena - 1/2 taza

Levadura - 1 cucharadita

Leche de almendras - 1/2 taza

A pizca de sal

Endulzante artificial en polvo - 2 pizcas

Arándanos - 1/4 taza

Puré de manzana - 1/2 taza

Canela - 1 pizca

Método de preparación:

1. Coloque las claras de huevo, avena, levadura, leche de almendras, sal y el endulzante artificial en la licuadora, y licúe durante 30 segundos a velocidad media.

2. Rocíe la sartén con aceite (aceite de girasol o mantequilla, a su gusto), vierta la mezcla y la mitad de los arándanos. Cocine como las panquecas de siempre - primero por un lado, luego por el otro hasta que doren.

Cuando estén listas, sírvalas con puré de manzana y canela.

Estas panquecas no sólo son muy deliciosas, sino que también son saludables. Los arándanos contienen mucha fibra dietética, potasio, calcio, sodio, magnesio, hierro, Vitamina C, ácido pantoténico, glucósido, etc. Los arándanos contribuyen con la recuperación de la visión, reducen el riesgo de glaucoma y cataratas, mejora el metabolismo, y regula la función intestinal.

Valor nutricional por porción (algunas panquecas):

Calorías 334

Proteínas 30 g

Grasas 4 g

Carbohidratos 48 g

15. Panquecas de kéfir con vainilla y mantequilla de maní

Ingredientes:

Harina - 1 taza

Avena - 1 taza

Levadura - 1.5 cucharadita

Sal - 0.5 cucharadita

Kéfir - 2 tazas

Leche baja en grasas - 1/2 taza

Extracto de vainilla - 1 cucharadita

Huevo - 1 unidad

Claras de huevo - 2 unidades

Mantequilla de maní - 3 cucharadas

Bayas frescas - 1 taza

Método de preparación:

1. Bata el huevo y las 2 claras de huevo.

1. Mezcle la harina, avena, levadura y la sal en un bol grande, y el kéfir, la leche, el extracto de vainilla y los huevos batidos en otro bol. Combine las dos mezclas y revuelva hasta obtener una pasta suave.

2. Caliente la sartén a fuego bajo y rocíela con aceite. Vierta la mezcla en la sartén utilizando una cuchara grande; cocine las panquecas durante 1-2 minutos por un lado y 1-2 minutos por el otro hasta dorar.

3. Derrita la mantequilla de maní en un microondas durante 20-30 segundos, y luego unte las panquecas con ella. Decore las panquecas con las bayas.

La mantequilla de maní tiene un alto valor nutricional, que consiste en las grasas digeribles requeridas, vitaminas A, E, B1, B2, B3, B4, B5, B8, B9), macro- y micro elementos de potasio, magnesio, fósforo, hierro, zinc, yodo, cobalto, etc., ácido oleico monoinsaturado. La mantequilla de maní fortalece el sistema inmunológico, mejora la función cardíaca y de los vasos sanguíneos, mejora la función de los sistemas reproductivo y nervioso, y normaliza los niveles hormonales y los niveles de colesterol en sangre.

Valor nutricional por porción (algunas panquecas):

Calorías 584

Proteínas 28 g

Grasas 15 g

Carbohidratos 81 g

16. Panquecas de Almendra y azafrán con cardamomo

Ingredientes:

Huevo - 1 unidad

Claras de huevo - 3 unidades

Leche de almendras - 180 ml

Extracto de vainilla - 1/2 cucharadita

Requesón - 50-70 g

Tiras de azafrán - 5-7 unidades

Cardamomo - 1/3 cucharadita

Harina de almendras - 1 cucharada (aproximadamente 13 g)

Harina de coco - 1 cucharada

Psyllium (fibra dietética del plántago) - 2 cucharadas

Levadura - 1 cucharadita

Stevia natural - 1/3 cucharadita

Método de preparación:

1. Saque los huevos del refrigerador.

2. Caliente bien la leche, agregue el azafrán y el cardamomo, y revuelva.

3. Mezcle muy bien los ingredientes secos (harina de almendras, harina de coco, psyllium, levadura y stevia natural).

4. Bata los huevos con un batidor de mano (un huevo y tres claras de huevo), agregue la leche con las especias y los otros ingredientes húmedos (requesón, extracto de vainilla); revuelva cuidadosamente.

5. Combine ambas mezclas utilizando una licuadora y deje reposar durante aproximadamente 20 minutos.

6. Cocine las panquecas por ambos lados, a baja temperatura, hasta dorar, sin utilizar aceite para la sartén.

Usted también puede preparar algún contorno, por ejemplo utilizar mango: medio mango maduro finamente picado, chips de coco sin azúcar, maní molido y salsa de coco - mezcle todo muy bien y decore las panquecas.

Contorno de bayas: cualquier baya a su gusto, crema de requesón y crema de tofu, almendra molida, mezcle en una licuadora hasta que esté cremoso, sirva con las panquecas.

Valor nutricional por porción (5-6 panquecas):

Calorías 240

Proteínas 22 g

Grasas 12 g

Carbohidratos 16 g

Fibra dietética - 9 g

Azúcar - 3 g

17. Torta de avena con crema batida y nueces

Ingredientes secos:

Avena - 40 g (aproximadamente 4 cucharadas colmadas)

Canela - 1/3 cucharadita

Especias para recetas con calabaza (canela, clavos, nuez moscada, jengibre) - 1/4 cucharadita

Levadura - 1/4 cucharadita

Bicarbonato de sodio - 1/8 cucharadita

Ingredientes húmedos:

Claras de huevo - 1 unidad

Leche - 2 cucharadas

Puré de manzana sin azúcar - 1 cucharada, o aceite de coco /oliva - 1 cucharadita

Extracto de vainilla - 1/2 cucharadita

Zanahorias - 1/2 unidades medianas

Crema:

Banana madura congelada - 1/4 unidades

Requesón libre de grasas - 100 g

Extracto de vainilla - 1/4 cucharadita

Extracto de banana - 1 gota (no es necesario)

Endulzante natural a su gusto

Miel - 1 cucharada

Método de preparación:

1. Cocine la zanahoria al vapor, hágalo con anticipación para ahorrar tiempo.

2. Precaliente el horno e introduzca una bandeja para hornear de 7-8 cm de diámetro con una buena cobertura para evitar que se pegue.

3. Mezcle bien todos los ingredientes secos para la cubierta de la torta.

4. Triture la zanahoria cocida con un tenedor, divida en dos porciones - la más pequeña para decorar.

5. Mezcle muy bien todos los ingredientes húmedos, y revuelva ambas mezclas.

6. Vierta la mezcla en la bandeja para hornear precalentada y presione cuidadosamente con una cuchara. Hornee durante aproximadamente 20-25 minutos a 180 C. Tenga cuidado de que no se queme, pues no todos los hornos funcionan de manera diferente. La cubierta de la tarta no debe estar ni seca ni húmeda, sino como una corteza ligeramente dorada.

7. Bata todos los ingredientes para la crema en una licuadora hasta que estén suaves.

8. Saque la tarta horneada y deje enfriar en la bandeja para hornear durante 7-10 minutos; córtela con cuidado.

9. Divida la tarta en dos partes. Coloque 1/3 de la crema en una parte de la tarta, coloque la otra parte encima y vierta el resto de la crema. Puede espolvorear un poco de nueces por encima si gusta y no está siguiendo ninguna dieta para adelgazar.

Valor nutricional por la torta entera:

Calorías 336

Proteínas 30 g

Grasas 6 g

Carbohidratos 42 g

Fibra dietética - 8 g

Azúcar - 4 g

18. Galletas con pasas y nueces

Ingredientes:

Requesón - 250 g

Avena - 150 g

Bananas - 1 unidad

Pasas o albaricoques deshidratados - 50 g

Nueces - 30 g

Semillas de amapola, o chips de coco, o sésamo

Método de preparación:

1. Triture el requesón junto con la banana hasta que estén suaves.

2. Agregue la avena, las pasas, nueces molidas y amase la mezcla.

3. Deje la masa en el refrigerador durante 1 hora.

4. Cuando retire del refrigerador, forme pequeñas bolas, ruédelas por las semillas de amapola, o chips de coco o sésamo y colóquelas en una bandeja para hornear cubierta previamente con papel para hornear.

5. Precaliente el horno a 180 C y cocine las galletas durante 15 minutos.

Las nueces contienen aminoácidos libres, vitamina A, vitaminas E, PP, K, C, grupo B, minerales como yodo, hierro, zinc, fósforo, etc. Las nueces reducen el riesgo de enfermedad cardiovascular, reducen la presión arterial, fortalecen el tejido óseo, proporcionan energía, activan la actividad cerebral, y son utilizadas en el tratamiento de enfermedades de la tiroides.

Valor nutricional por porción (150 g):

Calorías 250.5

Proteínas 15 g

Grasas 6.9 g

Carbohidratos 34.5 g

19. Ponqués de coco

Ingredientes:

Requesón libre de grasas - 300 g

Claras de huevo - 8 unidades

Huevos - 2 unidades

Stevia en polvo - 4 cucharadas colmadas

Aceite de coco - 20 g

Aceite de oliva - 20 g

Harina de coco - 100 g

Extracto natural de coco - 3 gotas

Levadura (doble acción) - 1.5 cucharadita

Método de preparación:

1. Mezcle el endulzante, con la levadura y la harina.

2. Trabaje las claras de huevo hasta obtener una espuma abundante; bata los huevos hasta que la mezcla esté uniforme.

3. Revuelva muy bien los huevos batidos y los ingredientes secos.

4. Precaliente el horno a 180 C.

5. Agregue el aceite a la mezcla batida, y vierta el extracto de coco.

6. Coloque la masa en el molde para torta; lleve al horno durante aproximadamente 30 minutos.

Puede decorar los ponqués horneados con un poco de salsa de chocolate: revuelva 1 cucharadita de cacao en polvo sin azúcar, 2 cucharaditas de aceite de maní seco libre de grasas PB2, 1 cucharadita de stevia y un poco de leche de almendras sin azúcar.

Valores nutricionales por 2 ponqués:

Calorías 99

Proteínas 20 g

Grasas 10 g

Carbohidratos 16 g

Fibra dietética - 4 g

20. Coctel proteico de naranja y yogur

Ingredientes:

Jugo de naranja - 100 ml

Yogur libre de grasas - 100 ml

Un puñado de gajos de naranja pelados

Método de preparación:

1. Mezcle bien todos los ingredientes en una licuadora hasta que la mezcla esté suave.

Es mejor utilizar jugo frío, así tendrá un coctel refrescante.

La naranja contiene mucha vitamina C, así que es preferible tomar el coctel durante la mañana, para ganara fuerza para el resto del día.

El jugo de naranja es muy rico en vitaminas A, B, C, K y E, y minerales como potasio, calcio, fósforo, cobre, hierro, zinc, etc.

Valores nutricionales:

Calorías 198

Proteínas 23 g

Grasas 1 g

Carbohidratos 40

21. Coctel proteico de granadas

Ingredientes:

Jugo de granada - 170 ml

Claras de huevo - 75 g

Yogur libre de grasas - 180 g

Mezcla de bayas congeladas - 170 g

Método de preparación:

1. Mezcle bien todos los ingredientes en una licuadora hasta que la mezcla esté suave.

Es mejor utilizar jugo frío, así tendrá un coctel refrescante.

La granada es rica en vitaminas PP, A, B1, B5, B6, C, E, y en los minerales calcio, magnesio, sodio, etc.

Los arándanos rojos y las frambuesas son una buena combinación para este coctel, haciéndolo fresco y saludable gracias a las vitaminas como PP, C, E, A, B9, H, y minerales como calcio, magnesio, sodio, potasio, cloruro, azufre, fósforo, etc.

Valores nutricionales:

Calorías 508

Proteínas 19 g

Grasas 2 g

Carbohidratos 70

22. Coctel proteico de arándanos rojos y almendras

Ingredientes:

Jugo de arándanos rojos - 100 ml

Almendras - 2 cucharadas colmadas

Yogur libre de grasas - 3 cucharadas

Método de preparación:

1. Mezcle bien todos los ingredientes en una licuadora hasta que la mezcla esté suave.

El jugo de arándanos rojos es rico en vitaminas PP, A, C, B9, E, y minerales como calcio, magnesio, sodio, azufre, etc. Las almendras le proporcionarán vitaminas A, B1, B2, B6, B9, PP, E y C.

Este coctel le hará el día!

Valores nutricionales:

Calorías 346

Proteínas 15

Grasas 22 g

Carbohidratos 27 g

23. Coctel proteico libre de grasas

Ingredientes:

Leche baja en grasas - 340 ml

Yogur libre de grasas - 1 taza de té

Semillas de linaza - 1 cucharada

Fresas - 0.5 taza de té

Método de preparación:

1. Lave y limpie las fresas.

2. Mezcle todos los ingredientes - primero la leche con el yogur, luego agregue las semillas de linaza y las fresas. Remueva hasta que la mezcla esté uniforme.

Las semillas de linaza son muy saludables gracias a las vitaminas B1, B3, alto nivel de vitamina B9, K, PP, y los minerales magnesio, potasio, fósforo, cobre y manganeso. La fibra dietética de las semillas de linaza ayuda a eliminar desperdicios y toxinas. Estas semillas son frecuentemente utilizadas para la pérdida de peso.

Valores nutricionales:

Calorías 306

Proteínas 33 g

Grasas 3 g

Carbohidratos 36 g

24. Coctel de proteínas con cacao

Ingredientes:

Requesón - 300 g
Leche libre de grasas - 200 ml
Agua - 100-200 ml
Cacao - 1 cucharada

Método de preparación:

1. Mezcle el agua y la leche utilizando una licuadora o batidora, luego, agregue el requesón, finalmente espolvoree el cacao. Revuelva hasta que la mezcla esté uniforme.

Puede agregar algunas nueces que incrementarán la cantidad de proteínas y le añadirá un sabor característico.

Buen apetito!

El cacao ayuda al sistema cardiovascular pues reduce el riesgo de trombosis, tiene propiedades antioxidantes e influencia el metabolismo. El cacao mejora el flujo sanguíneo hacia el cerebro y reduce la presión sanguínea. El consumo regular de cacao facilita el funcionamiento normal de la piel y, por ende, la mantiene joven.

Valores nutricionales:

Calorías 320

Proteínas 48 g

Grasas 0 g

Carbohidratos 26

25. Coctel proteico de Kiwi y miel

Ingredientes:

Leche de almendras - 300 ml

1.5 kéfir bajo en grasas - 200 ml

Kiwi - 1 unidad

Miel - 1-2 cucharadas

Método de preparación:

1. Lave, limpie y rebane el kiwi en pequeños trozos.

2. Caliente ligeramente la miel.

3. Mezcle la leche de almendras y el kéfir, utilizando una licuadora o batidora, agregue el kiwi picado y la miel. Remueva hasta que la mezcla esté uniforme.

El kiwi es rico en vitaminas A, B9, C, y en los minerales potasio, calcio, cloruro, cobre, boro, flúor, etc.

El kiwi favorece el sistema inmunológico, fortalece las funciones regenerativas y de protección, e incrementa la resistencia del organismo al estrés.

Valores nutricionales:

Calorías 265

Proteínas 21 g

Grasas 10 g

Carbohidratos 17 g

26. Barras dulces de proteínas con mantequilla de maní

Ingredientes:

Harina de maní - 1/3 taza

Proteína con sabor a vainilla - 1 full cucharadita

Leche de almendras - 100 ml

Almendras - 1 puñado

Harina de coco - 2 cucharadas

Chocolate oscuro - 3-4 unidades

Método de preparación:

1. Mezcle todos los ingredientes en un bol, excepto el chocolate y prepare una masa. Si la masa está muy líquida o pegajosa, agregue un poco más de harina de coco.

2. Corte la masa en rectángulos.

3. Derrita el chocolate en baño de María y sumerja las barras rectangulares en el chocolate derretido. Saque las barras y colóquelas en un molde de silicón o sobre papel de aluminio.

Que lo disfrute!

La harina de maní contiene grandes proporciones de vitaminas PP, B1, B5, B9, B4, y de los minerales hierro, manganeso, cobre, selenio, zinc, etc. El maní mejora la memoria, la concentración y el sistema nervioso, previene enfermedades del sistema cardiovascular, reduce el riesgo de ataque cardíaco y ayuda a normalizar la presión sanguínea y el metabolismo.

Valores nutricionales:

Calorías 197

Proteínas 18 g

Carbohidratos 9 g

Grasas 10 g

27. Helado proteico de Caramelo

Ingredientes:

Leche de almendras sin azúcar - 1 taza

Proteína sabor a vainilla - 1.5 medidas

Sirope caramelizado - 2 cucharadas

Sal marina - 1 pizca

Método de preparación:

1. Mezcle la leche de almendras y la proteína en polvo en una licuadora hasta que esté uniforme.

2. Vierta la mezcla en la heladera y enciéndala.

3. Después de 10 minutos, agregue 1 cucharada de sirope caramelizado y revuelva.

4. Mezcle por aproximadamente 10 minutos o hasta que el helado esté lo suficientemente duro.

5. Cambie el helado a un envase y vierta el resto del sirope caramelizado por encima.

Buen apetito!

El caramelo es rico en vitaminas E y PP, y minerales como potasio, magnesio, sodio, calcio, fósforo e hierro. El caramelo dulce reduce la depresión y mejora el ánimo.

Valores nutricionales:

Calorías 235

Proteínas 35 g

Carbohidratos 8 g

Grasas 8 g

28. Helado de chocolate

Ingredientes:

Proteína sabor a chocolate - 3 medidas

Yogur Griego libre de grasas (o cualquier otro yogur filtrado) - 0.5 tazas

Leche de almendras con vainilla sin azúcar - 1 taza

Aceite de almendra - 1 cucharadita

Método de preparación:

1. Mezcle todos los ingredientes hasta que la mezcla esté uniforme.

2. Vierta la mezcla en la heladera durante aproximadamente 20 minutos.

3. Cuando esté listo, sírvalo en un plato agregando algunas rodajas de banana y sirope caramelizado, o un poco de café moca instantáneo.

El chocolate contiene antioxidantes conocidos por preservar la juventud, prevenir el desarrollo de tumores malignos y enfermedades del sistema cardiovascular. El chocolate es rico en minerales como el calcio, magnesio, zinc, potasio, hierro, y vitaminas PP, E y un poco de B2.

Valores nutricionales:

Calorías 183

Proteínas 29 g

Carbohidratos 6 g

Grasas 5 g

Fibra dietética 2 g

Azúcar 2 g

29. Helado de bayas

Ingredientes:

Arándanos/frambuesas/fresas/zarzamoras frescos- 1 taza

Agua pura - 2 cucharadas

Extracto de vainilla - 1 cucharadita

Leche de almendras con chocolate sin azúcar - 1 taza

Proteína sabor a chocolate - 0.5 taza

Aceite de almendra - 1 cucharada

Yogur Griego libre de grasas (o cualquier otro yogur filtrado) - 0.5 cup

Método de preparación:

1. Introduzca las bayas en una olla y cocínelas a fuego bajo hasta que se forme un sirope (aproximadamente 10-15 minutos).

2. Retire del fuego y vierta el extracto de vainilla; mezcle y deje reposar por un rato.

3. Mezcle muy bien la leche, la proteína en polvo, el aceite y yogur; agregue la mitad de la salsa de las bayas.

4. Vierta la mezcla en la heladera durante aproximadamente 20 minutos.

5. Cuando esté listo, sirva el helado en un plato y decórelo con el resto del sirope de las bayas.

Que lo disfrute!

Valores nutricionales:

Calorías 246

Proteínas 24 g

Carbohidratos 19 g

Grasas 9 g

30. Helado de limón

Ingredientes:

Requesón - 170 g

Leche - 100 ml

Claras de huevo - 2 unidades

Proteína sabor a limón - 1 medida

Jugo de limón - 1 cucharadita

Ralladura de limón - 1 limón

Método de preparación:

1. Bata las claras de huevo hasta que estén uniformes.

2. Agregue la leche, el requesón, la proteína en polvo y la ralladura de limón; revuelva muy bien.

3. Vierta la mezcla en la heladera durante aproximadamente 20 minutos.

4. Sirva con una rodaja de limón y algunas hojas de menta.

El limón es uno de los frutos más saludables y ricos en vitaminas. Esta fruta ácida tiene fuertes propiedades antisépticas. El jugo de limón es recomendado para combatir la arterioesclerosis, cálculos renales, desórdenes metabólicos, fiebres. También, esta maravillosa fruta incrementa el apetito, mejora la digestión, ayuda a reducir los niveles de colesterol en sangre.

El limón es rico en vitaminas, p.ej., PP, A, B5, C, B9, E, y en minerales como el calcio, potasio, fósforo, magnesio, sodio, azufre, cobre, boro, flúor, molibdeno, etc.

Valores nutricionales:

Calorías 353

Proteínas 33 g

Grasas 22 g

Carbohidratos 12 g

31. Helado de ron

Ingredientes:

Proteína en polvo - 1 medida

Requesón - 120 g

Leche baja en grasas - 150 ml

Claras de huevo - 2 unidades

Endulzante - al gusto (o 1 cucharadita de miel)

Pasas - 10 g

Mermelada de fresa - 20 g

Método de preparación:

1. Pre hidrate las pasas en el ron.

2. Trabaje las claras de huevo hasta obtener abundante espuma; agregue la proteína en polvo, el endulzante (o miel), el requesón y la leche, y revuelva todo muy bien.

3. Vierta la mezcla en la heladera durante aproximadamente 30-40 minutos. 10 minutos antes de que esté listo el helado agregue las pasas y la mermelada de fresas.

Las pasas son muy ricas en potasio, fósforo, sodio, calcio y magnesio, vitaminas PP, B1, B2. Las pasas son recomendadas para combatir enfermedades como la fiebre, anemia, enfermedades del sistema digestivo y renal.

Valores nutricionales:

Calorías 109 g

Proteínas 16 g

Carbohidratos 7 g

Grasas 2 g

32. Coctel de proteína libre de grasas

Ingredientes:

Yogur suave libre de grasas - 125 g

Leche libre de grasas - 125 ml

Fresas congeladas - 50 g

Método de preparación:

1. Mezcle bien todos los ingredientes en una licuadora hasta que la mezcla esté suave.

2. Puede agregar una cucharadita de miel si quiere que el coctel sea más dulce.

Valores nutricionales:

Calorías 149

Proteínas 25 g

Grasas 1 g

Carbohidratos 11 g

33. Pan de chocolate y naranja proteico

Ingredientes:

Proteína sabor a chocolate - 3 medidas

Harina de almendra (o avena) - 1 taza

Huevo - 2 unidades

Naranja - 2 unidades

Polvo de hornear / levadura - 1 cucharadita

Yogur libre de grasas - 1 cucharada

Chocolate amargo derretido - 2 cucharadas

Método de preparación:

1. Mezcle muy bien todos los ingredientes líquidos: los huevos, la naranja, el yogur y el chocolate derretido.

2. Mezcle los ingredientes secos; revuelva ambas mezclas.

3. Precaliente el horno a 160 C.

4. Vierta la mezcla en una bandeja para hornear (cuadrada, rectangular o redonda) y lleve al horno durante 45 minutos.

Puede espolvorear el pan con un poco de azúcar pulverizada. Este es un complemento perfecto para el desayuno o el té.

Valores nutricionales:

Calorías 190

Proteínas 16 g

Grasas 5 g

Carbohidratos 22 g

34. Barra proteica de Torta de queso con fresas

Ingredientes:

Para la masa básica:

Barra dulce con sabor a torta de queso con fresa - 1 unidad

Mantequilla de maní - 2 cucharadas

Frutos secos - 0.5 taza (almendras, nueces, maní, etc.)

Para el relleno:

Yogur bajo en grasas - 500 g

Proteína con sabor a vainilla - 0.5 taza

Claras de huevo - 1 taza

Fresas frescas rebanadas - 0.5 taza (o cualquier baya de su preferencia)

Método de preparación:

1. Caliente la barra dulce en el microondas durante 10-15 minutos hasta que se suavice; revuelva con los ingredientes para la masa básica hasta que espese.

2. Amase la mezcla de modo que pueda cubrir con ella el fondo de la bandeja para hornear.

3. Prepare el relleno mezclando el yogur, la proteína de vainilla y las claras de huevo.

4. Vierta el relleno sobre la masa básica y cubra con una capa de mermelada de fresas.

5. Hornee la torta durante aproximadamente 40-50 minutos a 160 C hasta que endurezca un poco en los bordes y se mantenga suave dentro y en el medio. No hornee la torta en exceso, debe estar cremosa, se endurecerá después de que enfríe.

6. Deje la torta en el refrigerador durante 2 horas.

7. Voila! Puede servir la torta de queso, no olvide decorarla con bayas frescas, prepare un poco de té y... Buen apetito!

Valores nutricionales por una rebanada/porción:

Calorías 170

Proteínas 17 g

Carbohidratos 9 g

Grasas 8 g

35. Barra proteica de Chocolate

Ingredientes:

Musli sin azúcar - 35 g

Caseína de Vainilla - 35 g

Caseína de Chocolate - 25 g

Cacao en polvo - 2 cucharadas

Fibra dietética - 10 g

Nueces - 15 g

Harina de avena - 70 g

Yogur libre de grasas - 120 g

Canela - 1 cucharadita

Chocolate 80% - 20 g

Endulzante líquido - algunas gotas (puede utilizar cualquier endulzante de su preferencia)

Método de preparación:

1. Mezcle todos los ingredientes hasta que la mezcla esté suave y prepare las barras dulces dando forma de rebanadas cuadradas a la masa.

2. Derrita el chocolate y úntelo encima de las barras; refrigérelas.

Puede espolvorear un poco de nueces molidas por encima si lo desea.

Valores nutricionales:

Calorías 274

Proteínas 22 g

Carbohidratos 24 g

Grasas 9 g

36. Barra proteica de maní

Ingredientes:

Harina de maní libre de grasas - 1/3 taza

Proteína con sabor a vainilla - 1/3 taza

Leche de Coco o de almendras - 1/4 taza

Almendras - 1/3 taza

Harina de coco - 2 cucharadas

Chocolate oscuro 80% - 3-4 unidades

Método de preparación:

1. Mezcle todos los ingredientes, excepto el chocolate, en un bol hasta que la masa pueda trabajarse con las manos. Si está muy líquida o pegajosa, agregue más harina de coco.

2. Dé a la masa forma de rectángulos.

3. Derrita el chocolate en baño de María y sumerja las barras en el chocolate. Colóquelas en una bandeja de silicón cubierta con papel de aluminio - esto evitará que el chocolate se derrame.

Que postre tan maravilloso para la hora del té o entre amigos!

Valores nutricionales:

Calorías 197

Proteínas 18 g

Carbohidratos 9 g

Grasas 10 g

37. Barra francesa de proteína

Ingredientes:

Proteína con sabor a vainilla - 1/4 taza

Hojuelas de coco - 1/4 taza

Endulzante líquido / miel - 1 cucharada

Leche de almendra o coco - 1/8 taza

Almendras - 3/8 taza

Chocolate oscuro - 3-4 unidades

Método de preparación:

1. Mezcle todos los ingredientes en un bol utilizando una cuchara o espátula hasta que se haga una masa. Si la mezcla está muy pegajosa, agregue unas almendras más.

2. Divida la masa en 4 bolas y dé forma de rectángulos.

3. Cuando las barras estén listas, derrita el chocolate en baño de maría.

4. Sumerja las barras en el chocolate derretido para que se cubran completamente.

5. Saque las barras, colóquelas en papel de aluminio y llévelas al refrigerador durante 1-2 horas.

Valores nutricionales por 2 barras:

Calorías 382

Proteínas 22 g

Carbohidratos 7 g

Grasas 14 g

38. Ponqués proteicos de café

Ingredientes:

Huevo - 2 unidades

Requesón libre de grasas - 150 g

Salvado de avena - 2 cucharadas

Proteína con sabor a Chocolate - 2 medidas

Levadura / Polvo de hornear - 1 sobre

Café instantáneo - 2 cucharaditas

Sirope de vainilla - 2 cucharadas

Endulzante / miel - a su gusto

Método de preparación:

1. Bata los huevos con el requesón.

2. Uno a uno agregue el resto de los ingredientes revuelva todo.

3. Precaliente el horno a 170 C.

4. Coloque la mezcla en la bandeja para ponqués y hornee a 170 C durante media hora.

Las hojuelas de avena son utilizadas para la limpieza del tracto gastrointestinal, para eliminar toxinas y desperdicios, para desintoxicación del organismo. Las hojuelas de avena reducen el nivel de colesterol, fortalecen el sistema inmunológico, ayudan al sistema cardiovascular y son utilizadas para combatir la diabetes.

Las hojuelas de avena contienen muchas vitaminas como B1, B5, B9, E, K, gosipina, y minerales como fósforo, potasio, magnesio, calcio, selenio, cobre, hierro, zinc, etc.

Valores nutricionales por 100 g:

Calorías 177

Proteínas 20 g

Carbohidratos 10 g

Grasas 4 g

39. Barra proteica de banana

Ingredientes:

Avena - 1 taza

Proteína con sabor a Banana - 5 cucharadas

Leche en polvo libre de grasas - 1/2 taza

Queso crema libre de grasas - 1/4 taza

Claras de huevo - 2 unidades

Banana - 1 unidad

Arándanos - 1 taza

Agua - 1/4 taza

Aceite de colza para cubrir la bandeja - 3 cucharaditas

Método de preparación:

1. Precaliente el horno a 160 C.

2. En un bol, mezcle la avena, la proteína y la leche en polvo.

3. En otro bol, mezcle el queso crema, las claras de huevo, la banana, los arándanos, el agua y el aceite.

4. Engrase la bandeja para hornear.

5. Mezcle muy bien los ingredientes utilizando una batidora.

6. Vierta la mezcla en una bandeja para hornear cuadrada, lleve al horno durante 25-30 minutos.

En total usted tendrá aproximadamente 7 deliciosas y nutritivas barras.

Valores nutricionales por barra:

Calorías 180

Proteínas 18 g

Carbohidratos 20 g

Grasas 3 g

40. Barra de proteína de vainilla y naranja

Ingredientes:

Avena - 2 tazas

Proteína con sabor a vainilla o chocolate - 4 cucharadas

Leche en polvo libre de grasas - 1 taza

Sirope de maple - 1 taza

Jugo de naranja natural - 1/4 taza

Vainillina - 1 cucharadita

Claras de huevo - 2 unidades

Aceite de colza cubrir la bandeja - 3 cucharaditas

Método de preparación:

1. Precaliente el horno a 160 C.

2. En un bol, mezcle la avena, la proteína y la leche en polvo.

3. En otro bol, mezcle el resto de los ingredientes.

4. Engrase una bandeja para hornear cuadrada.

5. Mezcle los ingredientes utilizando una batidora.

6. Vierta la mezcla en una bandeja para hornear, lleve al horno y hornee hasta dorar, aproximadamente 20-30 minutos.

Finalmente usted tendrá aproximadamente 9 barras deliciosas.

Valores nutricionales por barra:

Calorías 195

Proteínas 15 g

Carbohidratos 27 g

Grasas 3 g

41. Barras de proteína "Power-Punch"

Ingredientes:

Avena - 1/2 taza

Harina de trigo o avena en hojuelas - 1/2 taza

Proteína con sabor a vainilla - 6 cucharadas

Leche en polvo libre de grasas - 1 taza

Semillas de linaza - 2 cucharadas

Semillas de girasol - 2 cucharadas

Nueces - 1/4 taza

Frutos secos - 1/4 taza

Mantequilla de maní - 1/3 taza

Vainillina - 2 cucharaditas

Agua - 1/2 taza

Método de preparación:

1. En un bol, mezcle la avena, las hojuelas de avena, la proteína y la leche en polvo, las semillas, nueces y frutos secos.

2. Luego agregue la mantequilla de maní, la vainillina y el agua, y revuelva muy bien.

3. Vierta la mezcla en un envase apropiado y llévela al refrigerador durante aproximadamente una hora, hasta que endurezca.

Valores nutricionales por barra:

Calorías 304

Proteínas 26 g

Carbohidratos 23 g

Grasas 12 g

42. Batido de proteína de coco

Ingredientes:

Leche de almendras - 300 ml

Requesón - 300 g

Cacao - 2-3 cucharadas

Nueces - 10 unidades

Coco en chips - 1 pizca

Método de preparación:

1. Mezcle muy bien todos los ingredientes en una licuadora durante aproximadamente 7-10 minutos.

Las nueces son muy ricas en vitaminas PP, A, B1, B2, B5, B6, B9, C, E, K, y minerales como fósforo, potasio, calcio, magnesio, azufre, zinc, cobre, flúor, yodo, and muchos otros.

Valores nutricionales:

Calorías 730

Proteínas 62.5 g

Carbohidratos 21 g

Grasas 36.5 g

43. Batido de proteína de banana

Ingredientes:

Leche libre de grasas - 1 taza

Whey Protein - 1 cucharada

Banana - 1 unidad

Aceite de nuez - 1 cucharada

Método de preparación:

1. Mezcle muy bien todos los ingredientes en una licuadora.

Para este batido usted también puede utilizar aceite de cacao sin endulzante y saborizantes, o aceite de oliva.

Valores nutricionales:

Calorías 461

Proteínas 37 g

Carbohidratos 46 g

Grasas 16 g

44. Batido casero de proteínas

Ingredientes:

Proteína con sabor a Chocolate - 1 cucharada

Leche libre de grasas - 1 taza

Almendras molidas - 1/2 taza

Barra de chocolate molido - 1/2 unidad

Método de preparación:

1. Mezcle la proteína y la leche en la licuadora.

2. Luego espolvoree por encima las almendras y el chocolate molido.

Valores nutricionales:

Calorías 457

Proteínas 39 g

Carbohidratos 41 g

Grasas 17 g

Fibra dietética 8 g

45. Bebida proteica de melocotón

Ingredientes:

Proteína con sabor a Vainilla - 1 cucharada

Agua - 1 taza

Avena Instantánea - 1 sobre

Melocotones enlatados - 1/2 lata

Método de preparación:

1. Mezcle bien todos los ingredientes en una licuadora hasta que la mezcla esté suave.

La avena es rica en fibra dietética. Si no le gusta la avena, puede utilizar hojuelas de maíz.

Valores nutricionales:

Calorías 306

Proteínas 24 g

Carbohidratos 49 g

Grasas 2 g

Fibra dietética 2 g

46. Mix proteico de naranja hecho en casa

Ingredientes:

Proteína con sabor a Vainilla - 1 cucharada

Jugo de naranja - 1 taza

Yogur de vainilla libre de grasas - 1/2 taza

Método de preparación:

1. Mezcle bien todos los ingredientes en una licuadora.

La naranja es rica en vitaminas C, B9, PP, E, A, y minerales como potasio, fósforo, calcio, cobre, yodo, boro, etc.

Valores nutricionales:

Calorías 280

Proteínas 27 g

Carbohidratos 43 g

Grasas 1 g

Fibra dietética 2 g

47. Batido proteico de vainilla hecho en casa

Ingredientes:

Caseína de vainilla - 1 cucharada

Proteína con sabor a Vainilla - 1 cucharada

Leche de vainilla - 1/2 taza

Yogur de vainilla libre de grasas - 1/2 taza

Método de preparación:

1. Revuelva en un bol la proteína y el yogur hasta que la mezcla esté suave.

2. Vierta la leche en un vaso grande y agregue la mezcla de proteína y yogur, mezcle cuidadosamente.

No hay necesidad de utilizar una licuadora pues ya la proteína estaba mezclada con el yogur.

Valores nutricionales:

Calorías 443

Proteínas 48 g

Carbohidratos 61 g

Grasas 1 g

48. Bebida proteica de kiwi y miel

Ingredientes:

Leche de almendras - 300 ml

Kéfir 1.5 % bajo en grasas - 200 ml

Kiwi - 1 unidad

Miel - 1-2 cucharadas

Método de preparación:

1. Mezcle bien todos los ingredientes en una licuadora hasta que la mezcla esté suave.

El kiwi es rico en vitaminas A, B9, C, PP, B6, y minerales como el potasio, calcio, magnesio, fósforo, cloruro, azufre, yodo, cobre, flúor, boro, aluminio, etc.

Valores nutricionales:

Calorías 265

Proteínas 21 g

Carbohidratos 17 g

Grasas 10 g

49. Batido proteico de Frambuesa

Ingredientes:

Leche - 200 ml

Yogur natural sin azúcar 1.5% bajo en grasas - 200 ml

Frambuesa - 100 g (fresca o congelada)

Método de preparación:

1. Pique las frambuesas.

2. En la licuadora, mezcle la leche y el yogur, luego agregue las frambuesas picadas.

Utilice un poco de miel si quiere su batido más dulce.

Las frambuesas son ricas en vitaminas A, B9, H, C, PP, E, B5, y en minerales como potasio, calcio, magnesio, sodio, fósforo, cloruro, etc.

Las frambuesas son utilizadas para bajar la fiebre, detener hemorragias y reducir las toxinas.

Valores nutricionales:

Calorías 224

Proteínas 17 g

Carbohidratos 24 g

Grasas 6 g

50. Batido proteico de mandarina

Ingredientes:

Leche - 400 ml

Kéfir 1.5 % bajo en grasas - 125 ml

Mandarina - 2 unidades

Aceite de linaza - 1 cucharadita

Método de preparación:

1. Corte las mandarinas.

2. En la licuadora, mezcle la leche, el kéfir y el aceite. Agregue las mandarinas picadas.

Las mandarinas son ricas en vitaminas A, D, K, C, PP, y en minerales como el potasio, calcio, magnesio, sodio and fósforo.

Las mandarinas son buenas para calmar la sed y saturan el organismo con las cantidades necesarias de ácido ascórbico. Reducen parcialmente la fiebre.

Valores nutricionales:

Calorías 280

Proteínas 21.5 g

Carbohidratos 18 g

Grasas 11.5 g

Otros Grandes Títulos de este Autor

www.ingramcontent.com/pod-product-compliance
Lightning Source LLC
Chambersburg PA
CBHW071744080526
44588CB00013B/2153